キャロル・グレイ 著
Carol Gray
門 眞一郎 訳
Shinichiro Kado

コミック会話

自閉症など発達障害のある子どものためのコミュニケーション支援法

Comic Strip Conversations

明石書店

謝　辞

　カレン・リンド、スー・ジョンカー、ラーキン・サッセヴィル、テリ・サッセヴィル、マシュー・グラハムさんたちが、コミック会話の開発とこの小冊子の完成に貢献してくださったことを深く感謝いたします。

　さらに、教育方法の開発と普及に対するジェニスンの公立学校当局による支援に心から感謝いたします。

ラーキンへ

あなたの絵は、なぜそれが会話の〈芸術〉と呼ばれるのかを、
私に思い出させてくれました。

それから

マシューへ

感情は色のように無限にあることと、
疑問は確かにオレンジ色だということを、
あなたは私に教えてくれました。

コミック会話（Comic Strip Conversation）とはなにか？

コミック会話とは、2、3人の会話に線画を組み込んだものです。会話の中での情報のすばやいやり取りを理解することに苦闘している人に、絵によって補足的な支援を提供し、今おこなわれているコミュニケーションを分かりやすくします。コミック会話を使った経験から言えることは、これが、自閉症やその他の発達障害の子どもに関わる専門家や親にとって、効果的な道具となるということです。ただし、この方法の有効性に関する客観的なデータは今のところありません。

コミック会話は、他のすべての会話と同じくらい用途が広く、過去のことを報告したり現在のことを説明したり、将来のことを計画したりできますが、ほかにもユニークな特徴があります。コミック会話は、人の言動を系統立てて明確にし、人はどう思っているのかに注目するものです。基本的な会話スキルを表現するために8つのシンボル・セットを使います。さらに、色も使って、発言の感情的な内容・思い・疑問などを明確にします。コミック会話のなかには、ある場面についての子どもの見方に洞察を与え、ソーシャル・ストーリー*の前段の活動として優れたものもあります。コミック会話は、問題状況を視覚的に〈考え抜く〉ために、そして解決策を決定するために使います。

---

*ソーシャル・ストーリーは、自閉症や他の発達障害をもつ人に正確に対人関係場面を説明するための短いストーリーです。さらに、ソーシャル・ストーリーは、ある場面での効果的な対応の仕方を明示することも少なくありません。参考文献のページを参照してください。ソーシャル・ストーリーについての情報や関連資料は Future Horizons（www.FutureHorizons-autism.com）から入手できます。

理論的根拠

コミック会話は、視覚化と視覚的支援が、自閉症の子どもの学習を構造化する上で有用であり（Grandin, 1992; Gray, 1993; Odom & Watts, 1991; Twachtman, 1992; Quill, 1991; Quill, 1992）、さらに会話についての理解も向上させるという信念に基づいています。さらに、コミック会話ではシンボルの基本セットを用いて、自閉症の子どもには抽象的で理解困難なソーシャル・スキルを図示します。

自閉症の子どもは、他者の信念や動機を理解しにくいのです（Baron-Cohen, 1989; Baron-Cohen, 1990; Baron-Cohen, Leslie & Frith, 1985; Dawson & Fernald, 1987; Hobson, 1992）。コミック会話では、他者の思いや感情は、やり取りの中で話されたことばや行為と同等に重要であると考えます。他者の思いや語られたことばの裏にある感情を明示するために、色を使うことを子どもは教わります。

コミック会話の起源の１つは、ラーキンという10歳の女の子のコミュニケーション用の絵にあります。ラーキンは、イライラする場面のことを母親のテリーに伝えるために、よく絵を描いたものでした。テリーも返答を絵にしました。以下はテリーのことばです。

娘は困難な場面を潜り抜ける方法を語るために一種の〈ソーシャル・ストーリー〉を用います。娘は、混乱や苦痛を覚える場面の絵を描い

> たり、誰かに描いてもらったりします。娘が要求する不安場面の絵を描くだけでなく、出来事の流れの絵を描いて適切な結論に導くこともできることを、私たちは知りました。
>
> ラーキンは、このような絵から多大な安心感を得て、その情報を利用して今後もぶつかる同様の場面で自助の手段にすることができるのです。主導権は娘に握らせ、このやり方を使って対処スキルを発達させるよう手助けしてきました。私の絵はいつもラーキンの絵に対する応答です。何かの場面にとてもイラつき、私に絵を描いてくれと言い張るのでない限り。それから私は自分の結論にそって情報を追加していきます。短い〈ソーシャル・ストーリー〉を一緒に使うこともあります。

ラーキンの例から徐々に練り上げて、絵を使って会話を系統的に行なう方法をマシューの助けを借りて開発しました。マシューは11歳、5年生です。コミック会話法の指針ができあがりました。マシューからのフィードバックや、最近の対人認知や心の理論の研究に基づいて修正を加えました。会話スキルのための8つの基本シンボルの辞書を作り、色を取り入れて、会話の感情的な中身を明確にするための視覚的システムにしました。

この小冊子に書いた基本指針は、子ども、親、専門家がコミック会話の開発作業に取り組んだその努力の成果です。これは指針であって、一人ひとりの子どもが自分独自の〈会話の技〉を発達させることを助けるための出発点です。

道　具

コミック会話を行なう人は、絵を描きながら話をするので、絵を描き文字を書く道具を前もって選ぶ必要があります。道具は何種類かあり、それぞれ長所と短所があります。以下に道具をリストアップし、コミック会話における それぞれの長所と短所とを説明します。子どもの好みも含め、一人ひとりの子どもについて知っていることに基づいて、もっとも効果的だと思われる道具を選びます。ある場面にぴったりの、そして子どものニーズと興味にもぴったりの道具を創造的に組み合わせます。

ラミネート・マーカー・ボード

ラミネート・マーカー・ボード（特殊なマーカーとイレイザーも）は、ますます多様でポピュラーなものになってきました。多くの教室に今ではラミネート・ボードが備えられ、これは多くの場合、黒板に取って代わっています。いろんなサイズのものをオフィス用品店で購入できます。白と黒の２色のものもあります。白いラミネート・ボード（いわゆるホワイトボード）はいろんな色のマーカーが使えます。黒色ラミネート・ボードは蛍光ペン用であり、蛍光ペンは色の種類が少なく基本的な色しか手に入りません。

ラミネート・ボードの**利点**は、使い方にとても柔軟性があることです。ラミネート・ボードは消しやすいし変更しやすいのです。加えて、いろんな色のマーカーが使えますので、色を使って何種類かの感情を表現しやすいのです（P.17「感情と色」参照）。黒色ラミネート・ボードの場合、蛍光カラー・マーカーの種類は限られています。しかし、黒い背景に派手な色を使うと、子どもの関心をひきやすくなります。

ラミネート・ボードを使う会話の**欠点**は、じきに消さなければならないことです。消せることと色が使えることとは利点ですが、大きな欠点でもあります。コミック会話を使うことに子どもが慣れたら、１つの会話の中で数種類の絵を使います。ボードが１つしか使えない場合、別の絵を描いて会話を続けるには、それまでに描いた絵を消さなければなりません。それでは先に描いた絵に説明をもどすことができなくなります。先に描いた絵にもどることができるということは、２つあるいは３つの出来事（絵）がどのように関係しているのかを子どもに理解させるうえで重要です。あるいは、子どもに会話や出来事のつながりを考え直させるうえで重要です。

教室の黒板くらいの大きなマーカー・ボードを使えるなら、１つの会話の中で絵を消す必要はなくなります。その場合、スペースが絵で埋まるにつれ、単純に左から右へと移動して行きます。（ヒント：大きなボードでスペースが広いと、次から次にあちこちに絵を描いてしまうことがあります。左から右に描くだけではなく、大きな長方形の枠を並べましょう。ボードの左から右へ順番に枠の中に描かせましょう。）この場合、他の目的でボードを使うときには絵をすぐに消さなくてはならないので、コミック会話を永久保存することができません。

紙

紙の用途はとても広いです。子どもの年齢とスキルを考えて、いろんなタイプの紙を選ぶことができます。コミック会話を描く紙にはいろいろあります。螺旋《らせん》綴じ（スパイラル）スケッチブック、描画用マニラ紙、大判のカード、スパイラルノート、3リング綴じノート（罫線入り、罫線なし）などです。たいていの場合、21cm×28cmより小さい紙はお勧めできません。

最大の利点は、紙の永続性です。絵は保存でき、会話の中ですぐに参照できますし、後で復習することもできます。加えて、紙用のマーカーは、いろんな色のものが市販されており、色と感情を取り上げるときに選択肢をたくさん用意することができます。

欠点は、紙にカラー・マーカーや色鉛筆で描いた絵は消すことができないので、修正が困難なことです。消すことができないことが唯一の欠点であり、コミック会話の滑らかな進行をひどく妨げることがあります。

黒　板

黒板はコミック会話に使えます。特に、コミック会話に慣れていない子どもに向いています。黒板は子どもにはなじみ深いものですし、たいていの教室に備わってもいます。黒板の場合も、絵を簡単に修正変更できます。

最大の利点は、使えるスペースが広いことです。先に説明したようにスペースを構造化することが多くの子どもに役立ちます（P.4「ラミネート・マーカー・ボード」の箇所の最後の段落を参照）。修正変更も容易です。

欠点は、すぐに消されてしまうこと、プライバシーを守れないこと、将来参照するときのために保存しておくことができないことです。

手　順

子どもにコミック会話を紹介する

たいていの場合、親か専門家が子どもにコミック会話を紹介します。話しながら絵を描くことはコミュニケーションをとるための〈よい〉方法であることを説明しながら受容的な態度で紹介します。したがって、コミック会話を紹介する人は、あらかじめ誰かにコミック会話を試して練習しておくべきです。そうすれば、コミック会話を実施するときに、ぎこちない、気恥ずかしい、自信がないといったことを最小限にとどめることができ、子どもたちは自信に満ち、頼りになる人からコミック会話を紹介してもらうことができます。

さらに、コミック会話は子どもが先導します。親や専門家は先導役を引き受けないで指導します。会話の中で子どもが考えを理解し表明することを手助けするのです。両者はマーカーを使えますが、大部分の時間は子どもが書き／描き／話すよう励まします。最初のうち、〈会話〉は〈インタビュー〉形式をとることが多く、親や専門家は質問を口で言ったり文字で書いたりし、子どもはそれに答えて描き／書き／話すのです。目標は、インタビューの形から会話の形へ徐々に向かうことです。

最初のコミック会話は、〈話しながら描く〉ことを子どもに分かってもらうために用います。親や専門家は、感情を交えずに淡々とこのやり方について説明します。例えば、親や専門家が、「今日は一緒に話をしながら絵を描こうと思います」と言います。同時に「今日は一緒に話をしながら絵を描こうと思います」と書き、吹き出し（ことばのシンボル）を描いて文を囲みます。たいてい子どもが学ぶ最初のシンボルは〈人〉と〈ことば〉です（図1）。何を描き、何を書きたいかを子どもに尋ねたり、子どもが興味をもっていることで話題にしやすいものを選んだりします。例えば、親や専門家は「ディズニーランドに旅行したときのことについて、絵を描いて話をしてくれないかな。誰とディズニーランドに行ったの？」と続けていきます。

図1．　コミック会話のシンボル

コミック会話シンボル辞書

コミック会話シンボル辞書には2組のシンボル集があります。すなわち**会話シンボル辞書**と子どもの**自分専用のシンボル辞書**です（付録A：コミック会話シンボル辞書を参照）。どちらの辞書にも描きやすい具体的なことば

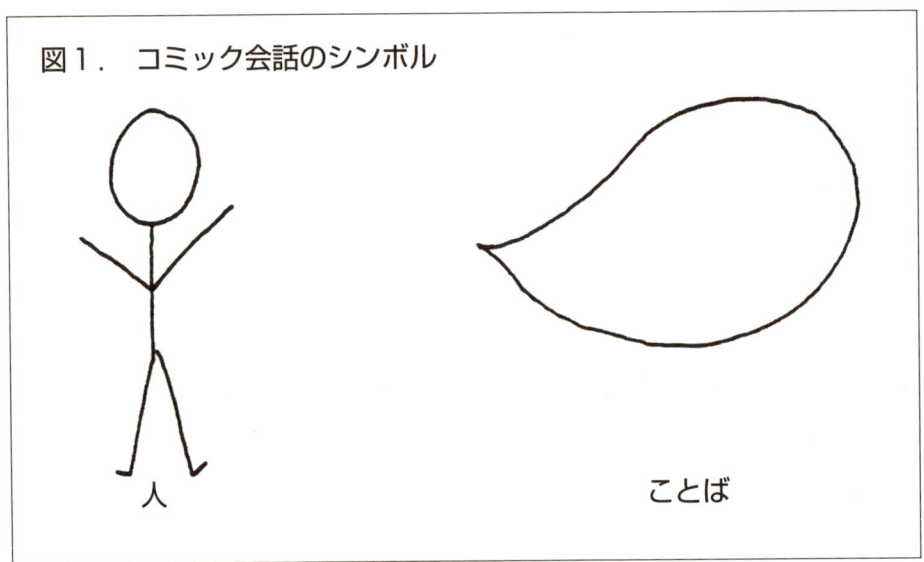

や思いを表すシンボルが入っています。これら基本的なシンボルによって、一貫性のある視覚的手がかりを会話に加え、相互のやりとりが進む中でのアイデアのやりとりを図示していきます。

会話シンボル辞書には、基本的な会話コンセプトの８つのシンボルがあります。すなわち、聴く、割り込む、大声と小声、ことば、思いなどです。１つ２つの会話シンボルで始め、子どもがこのやり方になじんできたら、少しずつ他のシンボルを加えていきます。時に、新しいシンボルを導入する機会が会話の最中にめぐってくることもあります。例えば、子どもがどんな具合に割り込まれたかを話すなら、それは親や専門家にとって、割り込むことについてのシンボルを導入する絶好の機会です。付録Ｂにあるシンボルはラミネートして、新しいシンボルを学びつつある子どもを助けるための〈学習〉カード、または〈手がかり〉カードとして使えるようにしてあります（付録Ｂ：会話シンボルと学習カードの実用的定義を参照）。

自分専用シンボル辞書は、頻繁に子どもが使うシンボルのコレクションであり、今後もずっと増え続けていくものです。会話を数回実施していく間に、子どもの自分専用辞書を創ります。この辞書に入れるのは、子どもの個人的な体験の一部であり、その子どものコミュニケーションに頻出するような、特別な人・場所・思いなどのシンボルです（付録Ａ）。一部の子ども、特に描画や美術に興味のある子どもは、自分専用辞書の絵を複雑で凝ったものにしたがることがあります。しかし、会話を滑らかに進行させるためには、会話シンボルは簡単で描きやすいものでなければなりません。シンボルには明解なものもあれば（例えば人のシンボル）、何ほどか創造性を必要とするものもあります。一人ひとりの子どもに応じて、一定のシンボル・セットを徐々に作り上げることで、このやり方は自分のものになります。これにより、コミュニケーション・システムを子どもはよりいっそうコントロールできるようになります。

〈世間話〉を描くこと

コミック会話と通常の会話との違いは、コミック会話は話しながら描くということだけではありません。もう１つ重要な違いがあります。通常の会話では、人は相手と対面します。コミック会話では、親や専門家は、子どもの横に座るか立つかして、会話のワークエリア（描画面）に共に注目します。うまくいくことが多いのは、子どもがワークエリアのそばに立つか座るかし、親や専門家は子どもの横の少し後ろに位置する場合です。特に重要なことは、この空間的配置により、親や専門家が会話を導くにつれて、確実に子どもの方が先導していきやすくなるということです。やがて、対等に関わるようになり、描いた会話を共通理解するという目標に徐々に向かっていくことができます。

コミック会話も、一般の会話の始まりと同じように世間話から始めます。〈世間話〉の話題は、他のあらゆる会話の話題と同じです。つまり、本題とはあまり関係のないことだと思われるかもしれませんが、これは対人関係上とても重要なのです。コミック会話に世間話を入れることで、多くの会話がどのように始まるかを視覚的に示すことができます。他方、絵を重要な話題だけに限ってしまうと、通常の会話を唐突に途中から始めるのと似たようなことになります。したがって、できるだけ会話の早いうちから描画を導入しましょう。誰かに関わるときに、〈どこから始めるか〉を視覚的に思い出させてくれる手がかりを描画は与えてくれます。天気や週末などの話題は最初の話題としてはうってつけです。実際問題として、天気は絵にしやすいのです（太陽、雨、雲）。絵が下手な子どもに大いに自信を与えてくれる話題です。

ある場面について絵を描くこと

世間話がすんだら、会話の話題を導入します。場所のシンボルをワークエリアの左上隅に描きます。場所のシンボルを使って、今話題になっていることの場所を示すのです。たとえば「昨日、運動場にいました」と言いながら、子どもは左上隅に小さい滑り台を描くかもしれません。そのそばに描いた物事は、すべてその時運動場で起きたことです。もし場面が変わるなら、あるいは様々な出来事が次々に起き、ワークエリアが込み合ってきたり、追っていくことが難しくなってきたりしたら、まだ使っていないワークエリアに移って続けましょう。

普通、子どもが難しさを覚える場面が、コミック会話の焦点となります。子どもにはできるだけ早く描き始めてもらいます。親や専門家は子どもに質問したり（「あなたはどこにいるの？」）、もし子どもに理解できるなら、指示したりして（「自分を描いてください」「休み時間にあなたと一緒にいた人を描いてください」）、子どもの描画を導きます。

親や専門家は、「絵を完成させる」ための助けとなる質問をしながら子どもの描画を導いて、その場面についての**情報を集めます**。

1）　あなたはどこにいるの？

（子どもは人を描く）

2）　他に誰がいるの？

（子どもは人を描く）

3） あなたは何をしているの？

（子どもは関連するアイテムや行為を描く）

4） 何が起きたの？

（子どもは関連するアイテムや行為を描く）

5） あなたは何と言ったの？

（ことばのシンボルを使う）

6） 他の人は何と言ったの？

（ことばのシンボルを使う）

7） あなたは、そう言ったとき、どう思ったの？

（思いのシンボルを使う）

8） 他の人は、そう言ったとき、どう思ったの？

（思いのシンボルを使う）

親や専門家の見方を子どもと共有します。子どもが新しい見方をとてもよく理解できるときは、会話の中で自然に理解する〈時〉を待てばよいことも多いのです。子どもには質問のいくつかに答えることが難しいかもしれません。そういう場合には、論理的な答えが分かるように子どもを導きます。もしそれでもうまくいかない場合は、もうひとつの答え—親や専門家の見方を表すーを描きながら紹介します。会話の主導権はできるだけ早く子どもにもどします。親や専門家の目標は、子どもの見方に洞察をもたらすことと、正確な対人関係情報を共有することとの間でバランスをとることです。

最も難しい質問は、他者の思いや動機に関するものでしょう。もし子どもが質問に答えることを拒んだり、答えることができなかったりしたら、正確な答えを教えます。他の人の思いを正しく言い当てることができない場合もあります。例えば、「先生は『アンドルーには、１日中、席に着いて算数を勉強させたい』と思っている」と子どもが答えたとします。その場合、子どもの答えは妥当な答えとして受け止め、子どもの答えを疑問視しないで、別の考え方を紹介します。例えば、「多分あなたの先生は、『私はアンドルーが好きだ。アンドルーには勉強してほしい。遊んでもほしい。まず算数をやって、それから遊ぼう』と考えていたんじゃないかな。それを書き込むよ。君の先生はこのように考えていたんじゃないかな」。

コミック会話の目的は、コミュニケーションを明確にすることなのですが、ことばと絵が密集したり散乱したりして、分かりにくくなってしまうことがあります。子どもは出来事をバラバラな順番で描いて、順を追って行くことが難しくなることがあります。あるいは、会話を描くことに夢中になると、いくつかの出来事がワークエリアの中で込み合い始めることがあります。しばしば１つの場面でいくつかの出来事が生じることがあります。さらに、１つの出来事がいくつもの部分的出来事から成っていることもあります。

どの会話にも流れや構造があります。コミック会話も例外ではありません。コミュニケーションや絵を、明確で理解しやすくするのに役立つ方法がいくつかあります。第１に、バラバラの順序で出来事を報告する子どもの場合、コミックの〈コマ枠〉を使うとよいでしょう。これは実際のコミックと同じです。一連のコマ枠により、１つ１つの出来事の枠組みができ、出来事の流れが明確になります。コマ枠は会話を始める前に描いておき、１つ１つのコマ枠に出来事を描くよう子どもを導きます。子どもが順序をはずして出来事を描いたら、場面を見直してコマ枠に番号を振り、出来事が起きた順序を明確にします。例えば、「最初に何があったの？　そのコマ枠に1と番号を書きましょう」。会話を紙に描いた場合は、コマ枠を切り離し、正しい順に並び替えてもよいでしょう。会話を何枚かの大判のファイルカードに描いた場合も同様です。

コミック会話で描いた絵は、会話している当事者以外の人には分かりにくいかもしれませんが、シンボルとことばがたとえごちゃまぜになっていても、当事者には完全に筋が通っていることが多いものです。ことばと絵とは会話のアウトラインとなります。多くの場合、子どもは描いた絵を〈読んで〉、ほとんど逐語的に会話全体を繰り返すことができます。

その場面での新しい解決策を決める前に、**会話を要約します**。場面の要点を再検討します。子どもに自力で会話を要約するよう促します。もしこれができない場合は、要約の中で言及した出来事の絵を指差すように促します。1番目、2番目、... と出来事が起きた順番を明確にするために、番号を記入します。その場面での新しい答えを決める前に、コミック会話を要約することで、関連要因を強調し、会話内容をまとめます。

コミック会話の結論を出すために、その場面での新しい解決策を明らかにします。会話の絵を使って、子どもはその場面の解決策を決めます。新しい解決策を見つけることができない場合は、解決策を示唆します。その案を書き出して、「他に使えそうな解決策をリストに加えることができるかどうかを、すぐに子どもに尋ねます。使えそうな解決策はいくつかあるものです。

この使えそうな解決策リストから、子どもはプランを立てます。1つ1つの解決策の良い点と悪い点について話し合います。その話し合いでは、解決策を１つずつ別々の紙に絵を描いて示します。そうすればプランを立てるときに、各々の解決策を文字通り見渡すことができます。実行できるとは思えない解決策は消し、残りの解決策には、使う順、あるいは試す順に番号をつけます。この使えそうな解決策の使用順リストは、同じ場面に次回対処するときのプランになるのです。

ソーシャル・ストーリーやコミック会話を使ってうまくやれた経験のある子どもには、マインドマップ（Buzan, 1974、Wycoff, 1991が引用）が、行動計画を立てたり、「創造的で斬新な思考を促したり」（Wycoff, pg.3）するための有用なテクニックとなります。アイデアを表現したり、まとめあげたりするために、マインドマップは絵やシンボルを使います。「マインドマップには、不思議なくらい効果があります。これは、脳全体を刺激し、短時間で計画や企画をまとめさせ、創造性を高め、文章を書く際の障害を取り除き、ブレインストーミングの効果的な仕組となります」（Wycoff, pg.3）。アイデアを表現するのに絵やシンボルを使うことを考えると、マインドマップは自閉症の子どもに簡単に応用できますし、コミック会話の論理的な最終ステップとなります。

解決策を明らかにすることや、プランを考え出すことができない子どももいます。しかし、コミック会話は、子どもの見方に関する情報の宝庫の扉を開いてくれます。これらの洞察は肯定的行動療法に組み込んだり、ソーシャル・ストーリー（Gray & Garand, 1993）に書き込んだりすることができます。

これから起こることついて描くこと

これから起こることについてコミック会話をすることは、自閉症の子どもに、これから何が起きるのか、それはいつ始まり、いつ終わるのか、誰が関係するのか、子どもには何が期待されるのか、といったことについて明確な情報を与えることで助けとなります。これからの場面を説明するコミック会話を使う場合には、いくつか特別に検討しなければならないことがあります。

自閉症の子どもは情報を文字通りに解釈したり、コミック会話で説明したのとまったく同じに事態が進むことを強く要求することがあります。このため、スケジュールや活動には変更の可能性があることを会話の中に取り入れます。例えば、マリアは誕生日のパーティに招待されたとします。そのパーティについて話し合い、マリアは風船の絵を描きます。風船、飾りリボン、ポスター、あるいはひょっとしたら他にも何かが飾りには使われる可能性があること、そしてどの飾りがパーティに使われるだろうかと期待することができるということを、マリアの母親は指摘します。さらに、これからの出来事を説明するときには、語彙を注意深く選ぶ必要があります。例えば、家族の集まりに、20人が出席する予定だとします。この計画について自閉症の息子と共通理解するために、父親は人を棒線画で数人分描き、その下に次のように書きます。「おばあちゃんの家に人がたくさん来ます」。具体的過ぎる説明文、例えば「おばあちゃんの家に人が20人来ます」のようなものは避けます。

将来の活動を説明するコミック会話には日付を入れると役に立ちます。ただし変更の可能性について、子どもが心の準備をしてくれるように配慮する必要があります。日付は絵の上部に、雨天の予備日や「たぶん12月13日」のようなことを添えて書きます。絵にカレンダーをつけて、予定の日を色の丸で囲み、雨天の予備日や代替日を別の色の丸で囲むと、いつ行事があり、延期や中止の場合にはいつになるのかが、自閉症の子どもには分かりやすくなります。

時刻も日付と同様です。先にあげた例で考えましょう。マリアが出席する誕生日パーティは午後３：00に始まる予定です。描いた絵には「３：00」と読める時計も描いてあります。「だいたい３：00頃」ということばも時計の下に書いてあります。「だいたい」ということばを使うと、パーティが３：00ちょうどに始まらなくても、何もかも大丈夫だということが、マリアには分かりやすくなります。

感情と色

コミック会話に色を使うと感情の内容が明確になり、ことばの裏にある動機も明確になる場合が多いです。例えば、「やあ、アンディ。何か面白いことはないか？」は、話し手の動機しだいでその意味がいろいろ変わります。他者の思いを明確にし、ことばに色を割り当てて感情内容を示すようにすれば、コミュニケーションにおける思いと動機の重要性を強調することができます。**色の表**（付録Ｃ）には色と対応させた動機や感情を示しました。（子どもは、自分の〈感情色パレット〉を決めたがるかもしれません）。

数回の会話の間に、色は１回に１つずつ徐々に導入します。基本的な感情は最初に導入し、進み具合を見ながら、他の色も加えていきます。色を導入するのは、コミック会話の中に感情が自然に出てきたときです。例えば、マリアは誕生日パーティから帰宅し、母親にパーティのことを話しながら絵を描くとします。「とても楽しかった。『誕生日パーティに行くのは大好き！』という手紙を自分に書こう」と言いながら、マリアは自分を描きます。マリアが「誕生日パーティに行くのは大好き！」と書く前に、緑色は楽しいことばに使うことを母親はマリアに説明して、そのことばを緑色で書くことを提案します。

子どもはことばの裏にある感情や動機を誤解することがあります。そのような場合には、子どもの答えを批判するのではなく、親や専門家は第２の解釈を示すのです。例えば、子どもが運動場でのいじめ、「水溜りのところへ行って顔を洗ってこい！」を緑色（よい考え）で書く場合、教師は「多分、『水溜りのところへ行ってはまってこい！』は赤色のはずだけど。赤色だったらどうなる？　どういう意味になるかなあ？」と促してあげるのです。

１つの文章の中で２色以上を使い分けて、感情を明確にすることもできます。例えば、子どもは遊園地に行くことを楽しみにしていますが、日課が変わることを苦痛に感じています。子どもは、緑色（楽しい）と赤色（怒り）、あるいは青色（悲しい、不安だ）を使い分けて、「僕は遊園地に行きたい！　僕は家にいたい！」と書くかもしれません。色を組み合わせて感情の葛藤を示すことで、混乱を表現することもよくあります。

情報を共通理解しようとする場合、子どもが何気なく色を持ち込み始めることに親や専門家は気づくことがあります。例えば、次のように子どもが言うことがあります。「今日、緑色のことばを僕はたくさん聞いたよ！」。「緑色」という語の使用を、それが表現する感情に翻訳できるよう子どもを助けます。親や専門家は次のように尋ねます。「『緑色』のことばというのはどういう意味？」、もしこれでは難しすぎるようなら「どんな緑色のことばを聞いたんだい？」。こうすれば、感情を指す色の名前だけを子どもが使っても、こちらは理解できます。他方、子どもには、色が表現していることばを使うことを促します。

要　約

この小冊子はコミュニケーションの道具、コミック会話について説明したものです。これは単純な絵を使って会話を簡単に図示するためのものです。コミック会話の使用経験から、自閉症や他の発達障害の子どもに関わる親や専門家にとって、これは有効な道具であると言えます。あらゆるコミュニケーションと同様に、コミック会話は、コミュニケーションを明確にするために工夫されたユニークな特徴を持っています。コミュニケーションの不可欠要素である、人はどう思っているのかということに注目します。基本的な会話スキルを表現するためにシンボルを使います。さらに、色も使って、発言の感情的な内容・思い・疑問などを明確にします。コミック会話は、子どもがぶつかる問題の解決のために使ったり、ソーシャル・ストーリーと組み合わせて使ったりします。

混乱とは、

一度に２色以上の色を塗られたようなものだ。

赤色と青色というように、

あるいは黄色、

緑色、黒色というように。

でも、ほとんどがオレンジ色。

混乱とはオレンジ色に塗りつぶされたものだと思う。

【参考文献】

Baron-Cohen, S. (1989). “The autistic child' s theory of mind: a case of specific developmental deiay.” *Journal of Child Psychology and Psychiatry, 30*, 285-98. (「自閉症児の心の理論：特異的発達遅延説」『自閉症と発達障害研究の進歩〈vol.1〉』日本文化科学社、1997年、p.48-60)

Baron-Cohen, S. (1990). “Autism: a specific cognitive disorder of 'mind blindness' .” *International Review of Psychiatry*, 2, 79-88.

Baron-Cohen, S., Leslie, A.M. & Frith, U. (1985). Does the autistic child have a Theory of mind? *Cognition*, 21, 37-46. (「自閉症児には〈心の理論〉があるか？」『自閉症と発達障害研究の進歩〈vol.1〉』日本文化科学社、1997年、p.41-47)

Buzan, T. (1974). *Use both sides of your brain*. New York: E.P.Dutton, Inc. (『頭がよくなる本』トニー・ブザン著、佐藤哲・田中美樹訳、東京書籍、1997年)

Dawson, G. & Fernald, M. (1987). “Perspective-taking ability and its relationship to the social behavior of autistic children.” *Journal of Autism and Developmental Disorders*, 17, 487-498.

Grandin, T. (1992). An inside view of autism. In E. Schopler & G. Mesibov (Eds.) *High functioning individuals with autism.* New York: Plenum Press.

Gray, C. & Garand. J. (1993). “Social stories: improving responses of students with autism with accurate social information.” *Focus on Autistic Behavior*, 8. 1 -10.

Hobson, R.P. (1992). "Social Behavior in High Level Autism." In E. Schopler & G. Mesibov (Eds.). *High functioning individuals with autism*. New York: Plenum Press.

Odom, S. & Watts, E. (1991). "Reducing teacher prompts in peer-mediated interventions for young children with autism." *Journal of Special Education*, 25, 26-43.

Quill, K. (1991). *Teaching children with autism and pervasive developmental disorders using visual aids.* The Autism Institute. (『社会性とコミュニケーションを育てる自閉症療育』安達潤・笹野京子・内田彰夫訳、松柏社、1999年)

Quill, K. (1992). "Enhancing pragmatic development in verbal students with autism: Principles of adult-student interaction." Presentation at the 1992 Annual Conference of the Autism Society of America. Autism Society of America Conference Proceedings, 89- 90.

Twachtrnan, D. (1992). "Sensemaking: Merging the wisdom of pragmatics with literacy-rich new ideas." Presentation at the 1992 Annual Conference of the Autism Society of America. Autism Society of America Conference Proceedings, 100-101.

Wycoff, J. (1991). *Mindmapping*. New York: Berkley Books.(『マインドマッピング――創造性を全開する脳力活用法』吉田八重訳、日本教文社、1994年)

付録　A：

コミック会話シンボル辞書

会話シンボル辞書

&

個人用シンボル辞書

会話シンボル辞書

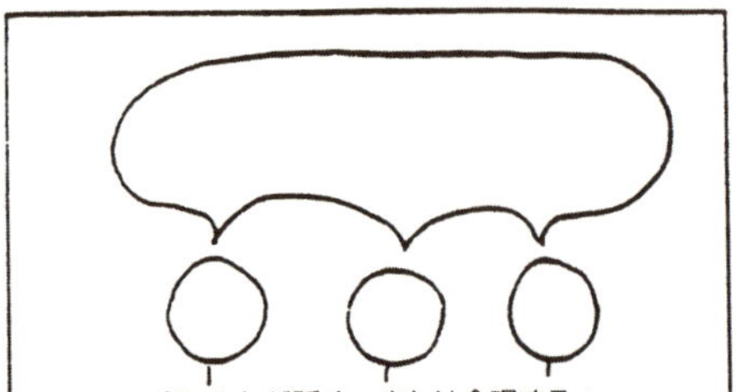

一度にみなが話す、または合唱する：
同時に、２人以上の人が話したり歌ったりする。

聞く（グループの中のひとりとして）

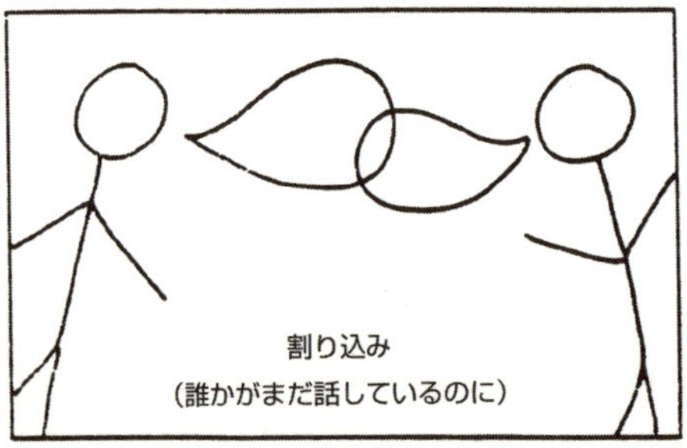

割り込み
（誰かがまだ話しているのに）

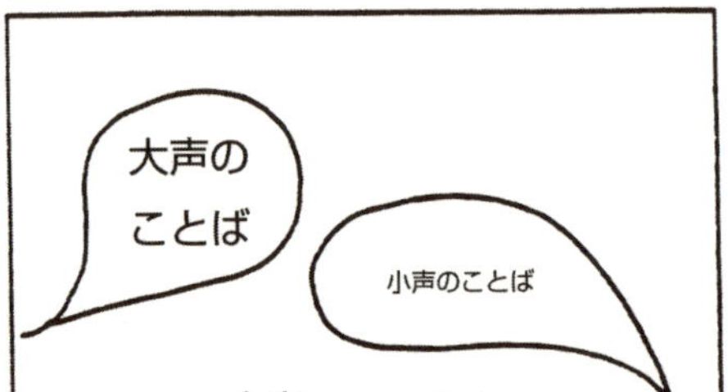

大声と小声のことば

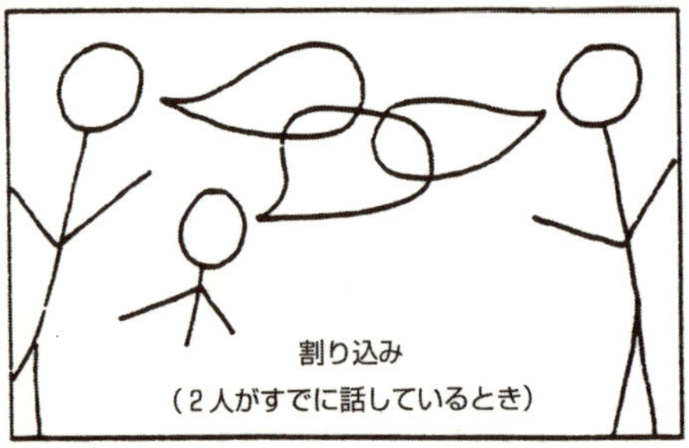

割り込み
（２人がすでに話しているとき）

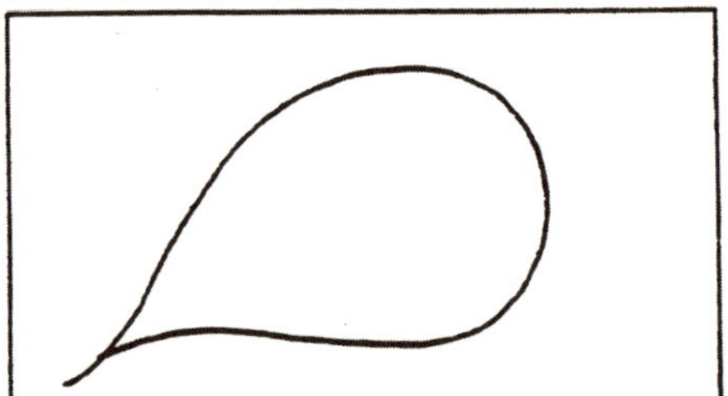

ことば（人が言ったこと）

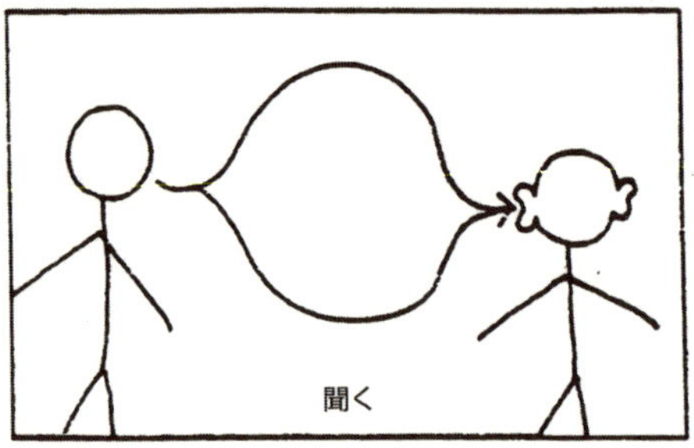

聞く

思い

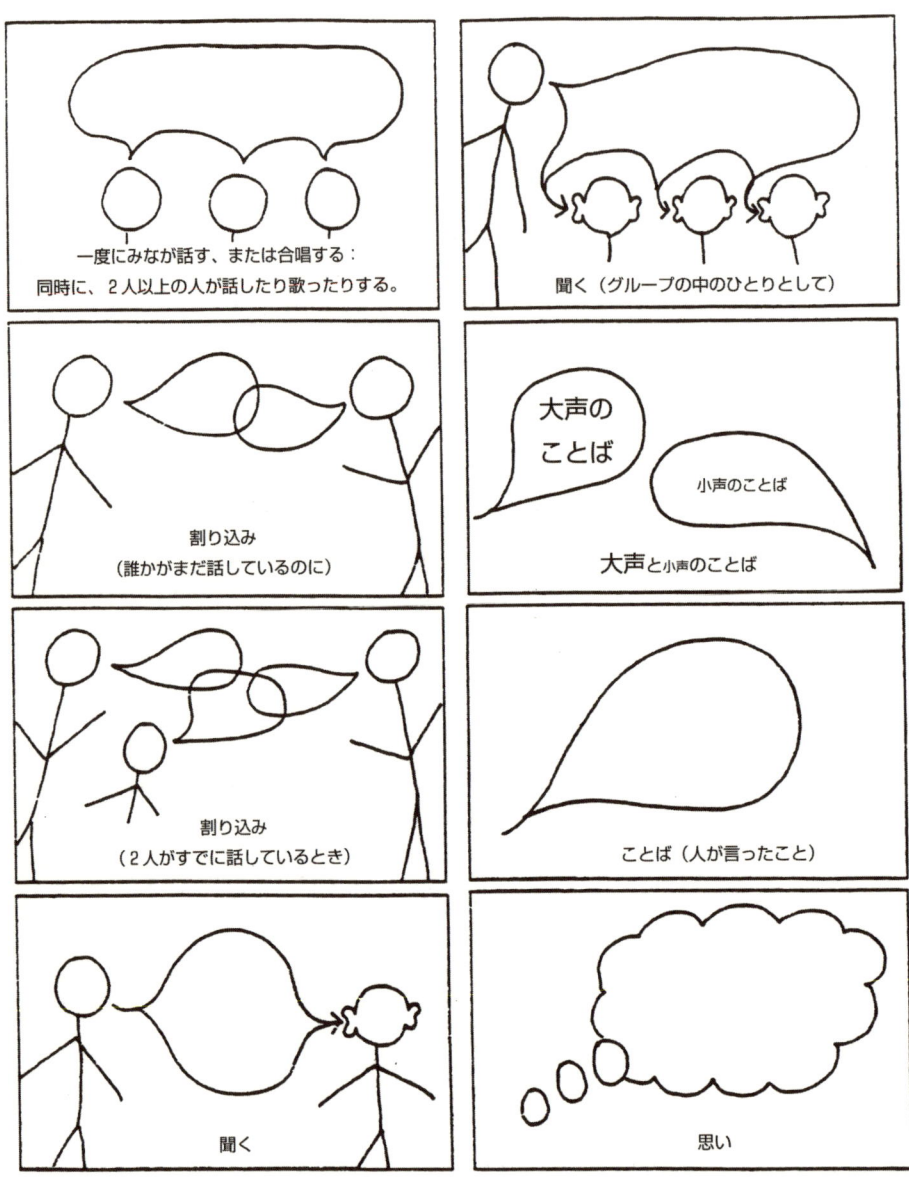

__________さんのシンボル辞書

付録　B：

会話シンボルと実用的定義学習用カード

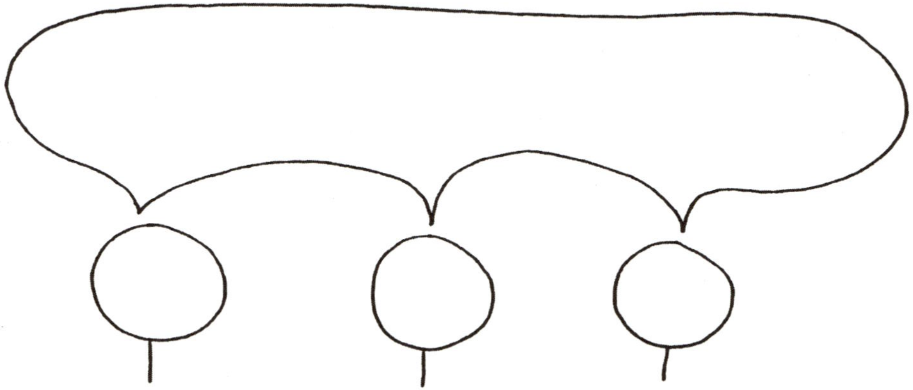

一度にみなが話す、または合唱する：
同時に、２人以上の人が話したり歌ったりする。

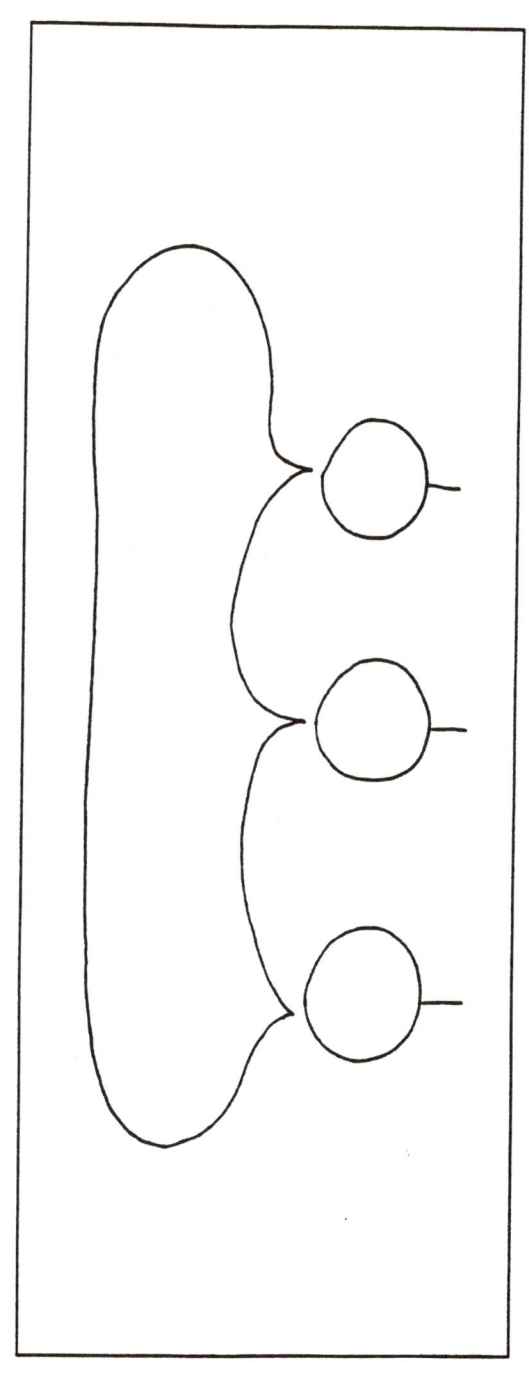

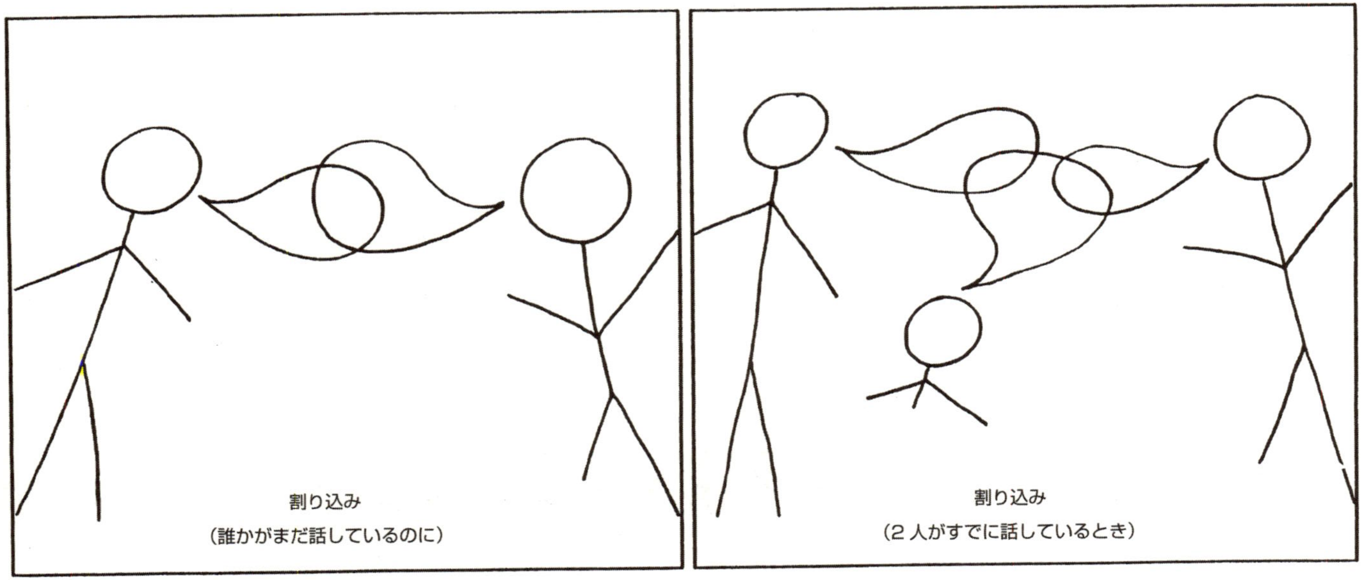

割り込み：
私のことばが他の人のことばにぶつかる。

聞く（私にだけ話しているとき）

聞く（グループの中のひとりとして）

聞く：

ほかの人が話すことばを聞くために耳をすます。

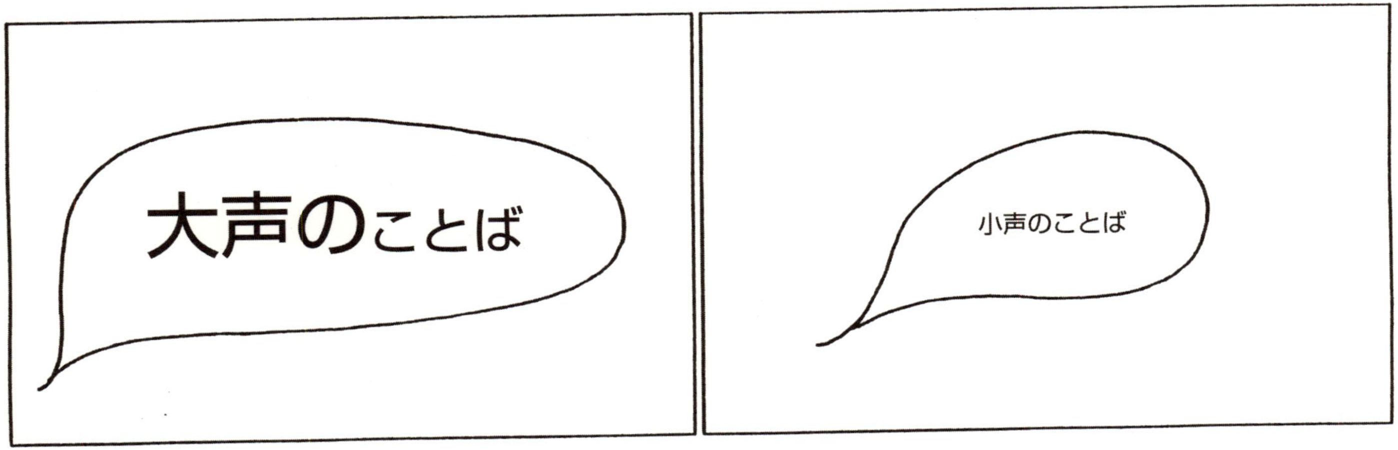

さけぶときのことばは**大声**です。
ささやくときのことばは小声です。

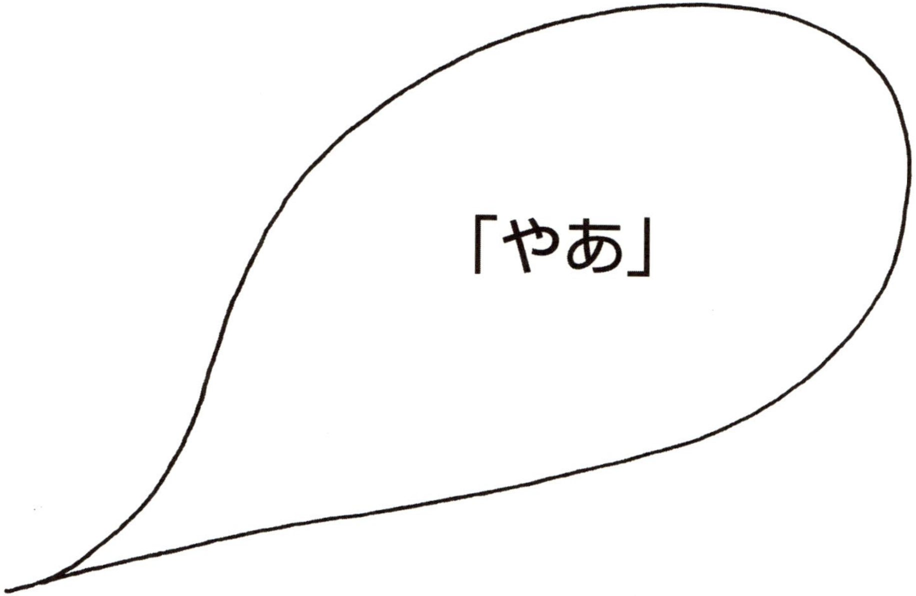

ことば：
人が言ったこと

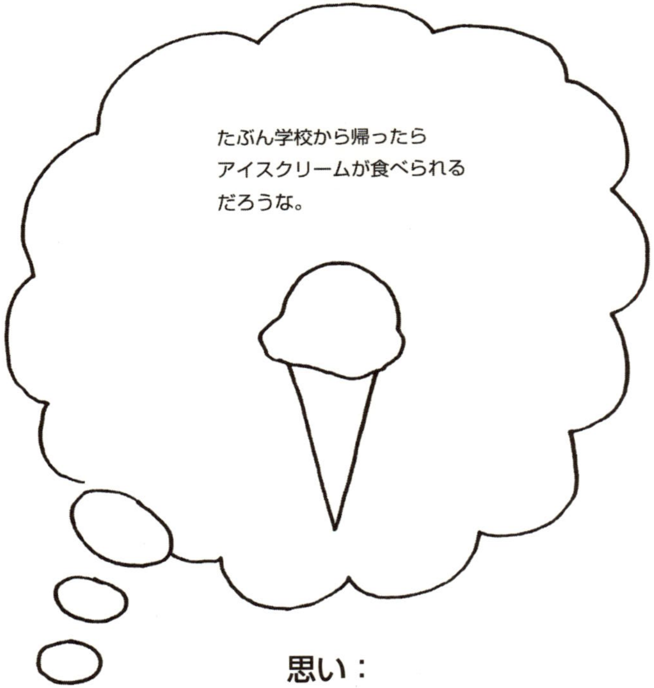

思い：

心の中のことについてのことばや絵。

私には思っていることがある。他の人にも思っていることがある。

付録　C:

色の表

会話の色

みどり：	よい考え、うれしい、親切な
あか：	わるい考え、いじめ、怒り、不親切な
あお：	悲しい、おちつかない
ちゃいろ：	いい気持ち、気分がよい
むらさき：	得意だ
きいろ：	おどろいた
くろ：	事実、私たちが知っていること
オレンジ：	疑問
色の組み合わせ：	混乱

訳者あとがき

この冊子は、キャロル・グレイ（Carol Gray）が著した *Comic Strip Conversations*（1994年 Future Horizons 刊）を訳したものです。

キャロル・グレイは、原書の解説によれば、自閉症の子どもを20年にわたって教育してきた方で、米国ミシガン州ジェニスンのジェニスン公立学校で自閉症スペクトラム障害（ASD）の子どものコンサルタントとして、さまざまな教育場面や就労場面で、子ども、親、専門家に関わっています。現在はさらに、ASDの人およびASDの人のために働いている人にサービスを提供するNPOである The Gray Center for Social Learning and Understanding の所長を務めています。グレイは、毎年世界中で講演やワークショップを開催してきた功績に対して、何度も表彰されています。例えば、ASDの人の教育に関する国際的な貢献に対してバーバラ・リピンスキー賞が授与されました。

グレイはASDの人たちを支援するための教材や方法を他にもいろいろと開発しています。主なものに、2000年の *The New Social Story Book,* Illustrated Edition や、2002年　の *The Sixth Sense II, My Social Stories Book*（『マイソーシャルストーリーブック』安達潤監訳、スペクトラム出版社、2005）があります。また、ASDの人や支援者のためのニュースレター *The Morning News* の編集者となり、これはその後 *THE JENISON AUTISM JOURNAL* と名前が変わりました。また、最近 *The Social Stories Quarterly* という雑誌を発刊しました。詳しくはグレイ・センターのホームページをご覧下さい（ホームページのアドレスは変わることがあるので、インターネットの検索サイトで Gray Center を検索されるとよいでしょう）。

この「コミック会話」法は、やはり同じ著者が開発した「ソーシャル・

ストーリー」法とともに、自閉症スペクトラム障害の子どもに、その障害特性に合わせて「ソーシャルな情報」を教える方法です。簡単な描画と色を使って進行中の会話を図示することで、会話の中ですばやく行なわれるソーシャルな情報交換を理解しやすくするのです。

「ソーシャル」という英単語は、普通「社会的」と画一的に訳されることが多いのですが、外国語がすべて日本語と1対1対応するはずもなく、画一的に訳されると意味が十分に伝わらないことがあります。「ソーシャル」という語は、「社会的な」というよりも「対人関係の」「対人的な」「社交的な」「世間の」とする方が、その意味が伝わりやすいことがあります。自閉症スペクトラム障害関係の文章に出てくる「ソーシャル」の場合は特にそうです。この冊子でも「ソーシャル」は、主として「対人関係」という語を使って訳しました。

したがって、ソーシャルな情報とは、対人関係に関する情報、社交に関する情報といった意味です。自閉症スペクトラム障害の子どもが、他者との関係の中で、つまり対人関係の中で適切な言動をとるには、相手の言葉だけではなく、言葉以外のソーシャルな情報をも理解する必要があります。人が発した言葉を、通常の意味とは違う意味に解釈しなくてはならない場合（慣用表現、冗談など）が往々にしてあります。場合によっては正反対の意味に解釈しなければならない場合（皮肉、慇懃無礼な言葉など）もあります。自閉症スペクトラム障害の子どもには、相手の意図や感情などの他者の心的状態を推測するスキル（心の理論）が乏しいのですが、これは言葉の真の意味を理解することに失敗しやすいことと、言葉以外にも発信されるソーシャルな情報を理解することが苦手なこととによるのです。

そのような特徴のある自閉症スペクトラム障害の子どもに、ソーシャルな情報を適切に理解してもらうために開発された方法が、「コミック会話」であり、「ソーシャル・ストーリー」なのです。「コミック会話で得られた洞察は行動療法やソーシャル·ストーリーに組み込むことができる」(p.15) と述べられているように、コミック会話とソーシャル・ストーリーは連動させることもできます。

コミック会話もソーシャル・ストーリーも、どちらも自閉症スペクトラム障害の特性をうまく活かした支援方法です。すなわち、一般に自閉症スペクトラム障害の人は、聴覚的情報よりも視覚的情報の方が処理（理解）しやすく、また順次的情報処理よりも同時的情報処理の方が得意です。この特性を活かしたコミュニケーション手段は、実物・絵・写真・文字などの視覚的な手段です。コミック会話は簡単な絵を描きながら自閉症スペクトラム障害の子どもと会話を進めていきます。一般のコミックと同様、台詞を吹き出しに入れたり、状況説明を加えたりして、視覚的に理解しやすくします。しかも吹き出しの描き方により、実際に語られた言葉とその言葉の背後の意味や意図を識別しやすくします。さらには言葉に色をつけて、感情を表現しやすくします。このように自閉症スペクトラム障害の子どもの苦手とするソーシャルな情報の理解、自分の感情の表現などを、彼らの得意な視覚的な手段で支援し、さらに絵を時間の流れに沿って並べていくことにより、苦手な順次情報処理をも支援するものです。

この冊子には、コミック会話についての実際的な使用法が懇切丁寧に書かれており、また付録にはコピーして使えるシートが添えられています（日本語版はB5判〔原書はA4判〕ですが、拡大縮小コピーが簡単にできるご時世なので、使用される方が子どもに合わせてサイズを調整されるとよいでしょう）。

2004年12月19日

門　眞一郎

【著者】

キャロル・グレイ（Carol Gray）

米国ミシガン州ジェニスンの公立学校で、長年にわたり教師およびASDの生徒のコンサルタントを務めた。現在は（NPO）The Gray Center for Social Learning and Understanding 所長。ASDの人への教育活動に対して、バーバラ・リピンスキー賞を授与された。著書はソーシャル・ストーリーに関するものを中心に数多く出版されており、『マイソーシャルストーリーブック』（スペクトラム出版社）、『ソーシャルストーリーブック――書き方と文例』、『お母さんと先生が書くソーシャルストーリーブック』（クリエイツかもがわ）として邦訳されている。今後もいくつか邦訳刊行が予定されている。

【訳者】

門　眞一郎

1973年、京都大学医学部卒業。現在、京都市児童福祉センター副院長。児童精神科医。

訳書　『虹の架け橋』（サットマリ著、星和書店、2005年）
　　　『ねえ、ぼくのアスペルガー症候群の話、聞いてくれる？』
　　　（ジュード・ウェルトン著、明石書店、2006年）

コミック会話　自閉症など発達障害のある子どものためのコミュニケーション支援法

2005年5月20日　初版第1刷発行
2006年9月20日　初版第5刷発行

著　者　キャロル・グレイ
訳　者　門　眞一郎
発行者　石井昭男
発行所　株式会社　明石書店
〒101-0021　東京都千代田区外神田6-9-5
電話　03（5818）1171
FAX　03（5818）1174
振替　00100-7-24505
http://www.akashi.co.jp/

装　丁　明石書店デザイン室
印刷／製本　モリモト印刷株式会社

（定価はカバーに表示してあります）　ISBN 4-7503-2120-6

ADHDと自閉症の関連がわかる本

ダイアン・M・ケネディ 著
田中康雄 監修、海輪由香子 訳

A5判／並製
◎1800円

ADHD、反抗挑戦性障害、アスペルガー症候群というそれぞれ異なる診断のついた3人の子どもを持つ著者が、実体験と徹底した研究をもとに、ADHDと自閉症のつながりとそれを意識した臨床の重要性を指摘する。

《《《《《《《《《《《《《《《 内容構成 》》》》》》》》》》》》》》》

刊行によせて（テンプル・グランディン）
著者まえがき
第1章　母親の使命――このつながりのどこがそれほど重要なのですか？
第2章　まずは定義から――自閉症スペクトラムと注意欠陥障害の間のかすかな境界線
第3章　自閉症とADHDのどちらだろう――類似は偶然ではない
第4章　現行の診断法の問題点――ADHD診断法がいかに誤診へつながっているか
第5章　変わっていく自閉症の姿――幼児期から思春期までの発達段階
第6章　職業と人間関係――ADHDもしくはアスペルガー症候群を持つ成人
第7章　ADHDと自閉症の治療――外観
第8章　勝利――ADHDと自閉症のある人々のユニークな功績と達成への賛美
結　論　新しい始まり
あとがき
謝辞／補遺A／補遺B／解説（田中康雄）／索引

ワークブック

おこりんぼうさんとつきあう25の方法

「怒りのマネージメント」による子どもの理解と対応

W・パドニー、E・ホワイトハウス 著
藤田恵津子 訳

B5判／並製
◎1300円

子どもが思わず爆発させる怒り。本書では、その怒りへの対処法を教師・保護者が子どもとともにワークシート形式で探る。25のレッスンを通して、1対1での怒りのマネージメント法や子どもの自尊感情の育て方、怒りから生ずるトラブルの解決策を提示する。

●内容構成

キーコンセプト／おこりんぼうさんの約束／保護者のみなさまへ／子どもの自尊感情を育てる／子どもが怒ったときに大人ができること／1対1での怒りのマネージメントプログラム／トラブル解決／先生方へ／カリキュラム一覧／怒りについてのスタッフミーティングの運営　**Lesson1** おこりんぼうさん、こんにちは　**ワークシート**〈あなたのお腹や頭のなかには、おこりんぼうさんがいますか？〉 **Lesson2** 抑えている怒り　**ワークシート**〈おさえているいかり〉 **Lesson3** あなたはおこりんぼうさんですか　**ワークシート**〈あなたはおこりんぼうさんですか？〉 **Lesson4** おこりんぼうさんの約束　（ほかLesson・ワークシート多数）

〈価格は本体価格です〉